EDINSON ALADINO
*La prueba del jade*
Buenos Aires Poetry, 2024
80 pp.; 13,34 cm x 20,32 cm.
ISBN 9789878470856
Poesía Colombia



Editorial ©Buenos Aires Poetry

Colección ©Pippa Passes

Diseño editorial ©Camila Evia

**BUENOS
AIRES
POETRY**

BUENOS AIRES POETRY

editorial@buenosairespoetry.com

www.editorialbuenosairespoetry.com

# La prueba del jade

*EDINSON ALADINO*

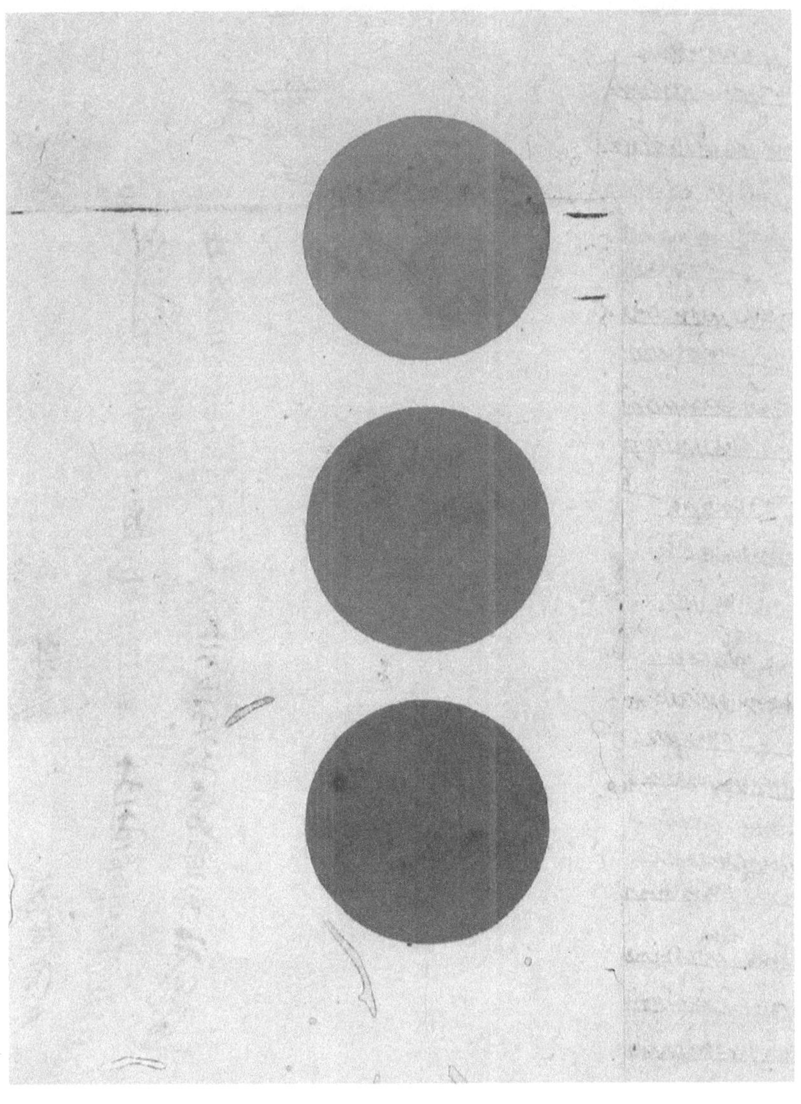

La prueba del jade

Edinson Aladino

*

## *La prueba del jade*

*

*Para Berenize*

*La imantación de lo desconocido es por el costado americano*
*más inmediata y deseosa. Lo desconocido es casi nuestra*
*única tradición. Apenas una situación o palabras,*
*se nos convierten en desconocido, nos punza y arrebata.*

José Lezama Lima

# I. PABELLÓN DE AGUA

*Una piedra en el agua de la cordura.*

Coral Bracho

## Gastón Baquero se convierte en pez

El pez de tinta morada,
el pez que trasegó por las aguas del Caroní,
el pez que vio los colores del leopardo
y aspiró el perfume de las flores de abedul,
el pez que siguió un río balsámico
por las selvas del Indostán
y despertó convertido en un niño,
el pez que es una isla milenaria
o un jardín asirio retoñando en Madrid,
el pez que rememora con la escritura del poeta
las otras vidas en donde era feliz.

## EL MAESTRO Y EL TOKONOMA

El viejo sabio mira la pintura del tokonoma
como la seda del vacío
            —pequeño bosque de bambú—:
el niño montado en el búfalo de jade
        apenas toca el verde de los nenúfares,
        las hojas rojas de otoño
            sopladas sobre el estanque.
El viejo sabio rasga con las uñas el papel de seda
y se adentra en el tokonoma
            —conejo amarillo de la boca del espejo—;
las arrugas en el rostro desconchado
            caen en la jarra,
los bigotes humedecidos en el agua
            de arroz.
El viejo sabio deja la piel en el estanque
        y el niño le tiende la mano.
        No es el sabio quien cae,
        es ahora el niño que cabalga:
uno y otro son el mismo en el lomo del búfalo de jade.
            Por el estanque
            verdes nenúfares;
los enfilados bambús acortan su distancia,
ciñen el pequeño bosque ocultando el secreto.
            Por el estanque
            vuelan luciérnagas.

## Fragmento hallado en Bonampak

La mañana deja caer sus hojas frescas
de caliza. Aún permanecen las flores.
Se abre la transparencia perdida de los arcos
y el día avanza como un mineral diáfano.
Los trazos azules en los muros de carne
han empezado a reverberar
en lo alto del cerro del zopilote.
Nos faltarán otras mañanas y otros cantos.
Una mano tiembla y el pájaro dorado desciende.
¿Perdurarán nuestros trazos azules
como perduran las piedras de jade,
las plumas del quetzal,
        las flores
        y la luna?

## Monólogo de José Raúl Capablanca

Mis pensamientos se redoblan
por estos blancos y negros laberintos
que he elegido, y no agotan
sus pestañas entrevistas sin temor
por los balcones
más recordados de La Habana.
La brisa y los torneos y las bahías de azogue
no revelan al ojo desteñido
el tiempo de sus cristales
ni el son detenido
de aquellas guitarras que mueren
junto al agua olvidada de las esquinas y la tarde.
Como un animal que aprieta un limón de oro
he buscado en las crecidas ventanas del invierno
el posible sueño fugitivo de la rosa
y las breves llamaradas de palabras
que ciñe el rocío al amanecer.
Me he vestido de un común silencio
para contemplar desde el tren
el rostro del horizonte apenas respirado
por la nieve y el páramo.
Hay estatuas despeinadas que avanzan
entre ríos y naipes negros
como el ropaje desbocado de la gloria.
Me he quedado junto al piano de la noche
y he visto ecos de máscaras
que rozan mi frente

y ponen mis manos en el frío de una encrucijada
para desempolvar un viejo tablero de ajedrez.
¿Dibujaré con mis manos una última jugada?
¿Escribiré alguna vez la agonía de mi fiebre?
Descanse el talle de marfil
del tablero persa
en donde he fijado mi cansancio,
mi esbeltez ligera, mis dedos invisibles
y la resurrección del alfil sobre la arena.

## La tumba de Mallarmé

El fauno de blanca agua,
en herbarios azules de iridáceas,
ha podido resistir
la flecha que acentúa su movimiento
en el legado de una pluma.

Frente al mar la mirada reluce de almejas
que se alimentan de cisnes y lirios.
Uno a uno los cánticos
regresan a mojar sus sílabas ocultas,
estirada esponja al corazón marino.

# Telaraña

Aquí yace otro revestimiento
de fineza, la silenciosa araña,
sus patas son escritura.

En el centro de su laberinto
tiembla el aire
y las mariposas estampan su vuelo
con los esqueletos de la tarde.

Se esparcen en la noche
las meditaciones de la araña
sobre los hilos brillantes,
cordaje sinuoso de la forma.

El otoño cabe en esa arquitectura
tan pequeña como un puño semicerrado
y tan inmensa como el relámpago
o la envoltura del bosque.

La araña aquilatando el velo
al final de la jornada.
Es la base de la luz
en la fineza de la roca.

Vivir así es conversar
con la elasticidad del aire

para celebrar la suspensión
del abismo y la caída.

La araña que muere
para dejar su tejido
alcanza el milagro de la permanencia,
la pirámide hechizada
por la arena del geómetra.

## Inscripción en una jarra etrusca

Recogí los consejos de la Esfinge,
de esta Esfinge sumergida en la tierra,
de esta Esfinge que es espejo,
que es silencio
–corona del desierto, grifo inmóvil–,
sobre mi túnica de seda fijos tus ojos.
Tú miras y consuelas.

## La isla de Calipso

Déjame consolarte del viaje de tu espada;
la tristeza es una ciudad en ruinas
y el poeta dibuja en los oídos de barro
la trama de tus días que es mi isla.
Déjame sorprenderte desnudo sobre la arena
recordando tu antigua vida;
tu desnudez ausente de guerrero y sabio,
de artesano y guía,
tu desnudez de rey en el destierro,
sin naufragio a barco deseado,
sin rutas o cabellera más precisa
que esta bahía a su temblor indócil.
Déjame llenar tu boca con mis senos,
navegar en lo salado,
hundirme en la cicatriz de tu muslo
y resumirte el regreso a Ítaca
donde vuelves a ser nadie,
donde nadie te reconoce y nadie eres.
Déjame sujetar tu frente con mi sueño,
darte la tranquilidad del niño
y aligerar tu rostro como un dios
que todo lo sabe y todo lo puede.
Déjame recordarte desde los sargazos de mi isla,
escuchando la luminosidad de tu barco
que se aleja sin anunciar la despedida.

## Anfión

Yo escuchaba el sonido de las cuerdas
junto a la orilla granizada del río
donde el vuelo rosado de la abeja
se perdía en la hondonada húmeda del valle.

Interrogué a las grutas, invisibles,
llenos los oídos de cantos,
de sonidos, de agua que resuena.

Vi a una ninfa que extendía sus cabellos
confundidos con la espuma del templo;
los cabellos recogidos sobre el mármol
y el busto acicalado.

Desperté, cautivo, en el altar del templo
y el busto acicalado me arrojó
un amasijo de llaves
para mi destierro.

¿Habrá una copa de madera para mí?
¿Los muros que forjé estarán coronados por la hiedra?
Ni ramas de olivo ni cintas púrpuras
adornan mi cabeza.
Se consume en mí el sonido de las cuerdas
y el vuelo rosado de la abeja.

## Los lotófagos

Menudo sueño el de los lotófagos;
aquí la planta gozosa y sus frutos
masticados por los dientes del cansancio.
En estas costas amarillas viven
los viajeros que llegaron con el rey de Ítaca.
«Nuestro sueño es aquí», exclamaron a Odiseo
y la embarcación los dejó
con la adormidera de los ojos
y el Oeste fatigado en las costas.
En esta región se hunden los crepúsculos
con los colores de la hormiga
y el paso de los pinos al lecho de piedras.
«Nuestro sueño es aquí», se oye decir
a esos guerreros que lucharon en Ilión.
El mástil del navío es un vientre fosilizado
con sus restos de naufragio
varado sobre la playa que es una tumba.
«Esa ola arrastra voces y manchas de pájaro».
«¿Dónde está la empuñadura de la espada
con el signo del dios?», gritan.
Como el lagarto en su roca
así los lotófagos tendidos sobre el moaré
de lentas escalinatas y verdes vaivenes.
Amarga es la planta y amarga es la ilusión en litoral.
«Nuestro sueño es aquí», exclamaron a Odiseo
y la embarcación los dejó
con la adormidera de los ojos
y el Oeste fatigado en las costas.

## JOYCE EN UNA CALLE DE TRIESTE

Regresan los navíos con la elegancia con que se diluye
la imaginación por el dorso de las islas.
El tímpano marino no corresponde
a la lengua que habitaron tus ancestros
en esas regiones de hedor verde y esmeralda.
Las manos pulimentadas vuelven a comprobar
el saludo de la madre muerta;
aquella balada antigua que sonaba
en la estación del tren
mientras los labios corrían tras otros labios
ocultos por las sombras de los muros,
de esos muros soplados por los fresnos de Galway.
Hay que dormir con las manos atadas
para escuchar una hilera de palabras,
o la soledad del ciclón que semeja
la incertidumbre de tu padre anciano.
Las cartas llegan para reparar tu sueño
de fantasmas por la ciudad dórica y el río de cera.
Una experiencia sensible no se aísla del mundo.
Las manos pulimentadas –en una calle de Trieste–
definen una isla, aprietan corales.
En una urna cineraria reposa la ceniza infantil,
la creación y una rosa profunda como un laberinto.

## AL LLEGAR A TROCADERO 162[1]

Avanzo desde la calle Amargura hasta descender por el Prado
y veo un grupo de pintores
ensayando el color del aleteo del colibrí
sobre el lienzo de Yemayá.
El día anterior soñé con los caracoles blancos
del *babalawo* esparcidos sobre el tapiz negro
–tan diminuto como el cielo–.
Sin preguntar me asomo en una tabaquería
y los gestos del músico octogenario
cambian de movimientos bajo el vidrio musgoso
del vacío, allí donde reposan sus restos.
Alguien cierra la puerta y enjuago el sudor de mi frente
en otro biombo.
Voy pensando en la inscripción de una tumba:
*No he oficiado nunca en los altares del odio.*

Sigo caminando y entro en la calle Trocadero.
Me digo: «Por fin llego a *La casa del alibi,*
a Trocadero 162,
donde la *memoria prepara su sorpresa*».
El gallo japonés de Mariano
y el retrato de Lezama por Arche

1 Este poema fue seleccionado como ganador del Concurso Nacional de Poesía "La poesía del recuero y del olvido", de la Casa de Poesía Silva en noviembre de 2023. Este concurso fue un evento apoyado por el Ministerio de las Culturas, las Artes y los Saberes, como parte del Programa Nacional de Concertación Cultural de Colombia.

ofrecen una tregua al asma y a la humedad de la
palmera.

Veo estatuillas de bronce, ancestros familiares
que nos vigilan desde el *mármol de los adioses*
y el cuerpo de un dragón sobre un retablo
de libros, piedras o cuarzos recortados.
Empujo desmañadamente un estante
y la jarra danesa se astilla en el suelo.
Ahí están los *pedazos inconexos*
y los encargados del lugar corren para apaciguar mi
desvelo.
Recojo los pedazos de la jarra
y memorizo sus relieves con mis dedos.
Los encargados del lugar vuelcan los fragmentos
en una gaveta y me indican la salida
al tiempo que suena un vals en el puerto.

Volví a los días a la casa de Lezama
—pabellón, pecera, gruta submarina—.
La mañana se abría con la sombra de las aves
y el río conversable de la calle Obispo,
música que se ladea con los chillidos del molusco.
Entré de nuevo a *La casa del alibi*
y lo pude comprobar,
la jarra estaba ilesa, aún sobre el estante.

## Un poeta del siglo XVII

Se apaga mi lámpara con la mañana
y la tinta aljamiada reluce,
la veo pulsar la sangre que atesora
en el fondo de su copa oscura.

La sangre que intenta recomenzar
en la boca de la tinta
me espera en la mesa,
no exige mi huida sino el río de vuelta.

Pero el tiempo, el tiempo y sus espejos
han deslizado ruinas.
Mi ojo ya no es un sol que arde
luciendo su obstinada entrega.

Mi ojo –negra abeja insomne–
apenas otea el aljibe y la ceniza.
Apenas oye el mar revoloteando
en la copa de la tinta.

# II.     BITÁCORA DE UN PINTOR

*Tú, enclavado en lo más profundo de ti,*
*te resurges para siempre.*

Paul Celan

I



Y mis pinceladas, acaso triunfales sobre el ríspido
grano de un color a punto de verterse,
nunca fueron, si quiera, absolutas.
Ahora que esta página me inicia
puedo abrazarme memoria y círculo danzante,
puedo detener la imagen del niño
dibujando en los umbrales
de una ciudad «de antiguo nombre»
–ceremonial de palmeras reales
como un desembarco en la isla de Chipre–.
 La voz de los oráculos presidía al dibujante:
–«Acabarás como todos los ángeles harapientos
que desgastaron sus alas
tratando de emular a Dios en su juego».
Cuántos soles alcanzando con el lápiz
la repetición de los metales.
Yo, en mi jardín, soy una mancha de óleo
con las orquídeas que se abren en lienzo.

## II

24 de febrero

Pienso en una mujer de Portocarrero.
Es una mujer ornamentada:
¿son plumas o conchas o labios
lo que nace de sus cabellos?
La mirada ceñida
por el comienzo de una ceja egipcia,
estatua sedienta más ligera.

Pienso en una mujer ornamentada.
¿Acaso su perfil no parece emerger
de las plumas, de las conchas, de los labios?
Se extiende una brisa azul, sutilísima,
y una flor amarilla.

# III

25 de febrero

(Un recuerdo)

En mitad de los vitrales
al convocado silencio de los trazos,
pacientes voces, murmullo del tacto.
Mi madre, detrás de una cascada,
terminando un bodegón ligero:
pausado vitral y relamida guanábana
solazada de uvas,
solazada con la latencia de las peras y los mangos,
bajo el verde apolinado del lulo
en la acides inquieta de la tarde.

# IV

30 de marzo

En todo momento me acompaña un niño
con un pez en la mano.
Se acerca junto al lienzo, cuando pinto,
y empieza a guiar pinceladas delirantes
como pájaros deletreando las hojas de los sauces
por los cuatro ríos de la luna.
Al terminar un cuadro, me dice:
—«Somos lo que dejamos de ser ayer».

V

5 de abril


Cada quien desgaja tinta de sus huesos
o envuelve sus oídos con un cofre de seda.

## VI

11 de mayo


Vi museos como bóvedas, bóvedas y galerías indefinidas.
En una calle de Firenze conocí a Lionetta,
una artista napolitana con la que recorrí
estatuas y campanarios al mediodía.

Lionetta disfrutaba que las miradas la atravesasen
como el viento a una torre sin edad.

Una tarde empapó uno de mis lienzos
con el agua roja de su sexo,
casi arcilla despertando la fertilidad
y el vuelo de los cocoteros.

## VII

21 de mayo

A medianoche Lionetta apagó la luz de su cuarto
y me recitó este oráculo:


—«Has levantado el color como signo real
y así no perdurarán tus imágenes».


—«Tendrás que cortar una flor en la marea
y hallar en sus hojas trigramas chinos».


—«¿Qué quieres ser? ¿Zeuxis o Parrhasios?».

# VIII

6 de junio

–Los pájaros sobre las uvas de Zeuxis.
El ojo picoteando el color.

–Los dedos sobre el velo de Parrhasios.
El color picoteando el ojo.

–¿En dónde nace la mirada?

## IX

8 de julio

Deseché varias figuras tratando de encontrar
el camino que me llevara al primer trazo,
al convencimiento de una manzana ínfima.
Llegaban los demonios buenos
y en la fiesta de su lentitud
desprendían puertas, velado horizonte
a la cerrazón de la lengua dolorida.

## X

28 de agosto


En vísperas de dejar la ciudad de Roma
entré en una iglesia para acallar mi temblor.
Desde el atrio, dije:
«¿Quizás haya sido engañado por mi ceguera,
por el ansia de vencer y robar la miel
del cuerno del carnero?
¿Por qué recomienzo siempre
como si mi camino fuera el equivocado?».
Alguien que pasaba me contestó:
«El buey alcanza la miel por sacrificio.
Bendice tu ceguera, el camino que has andado
y la claridad con la que has inquirido».

# XI

25 de septiembre

Nueva York como una Ménade. La galleta china con la escarcha de los árboles parecía contener la huida de sus letras, su mensaje con olor a sándalo de *I Ching*.

Detuve mis pinceles en las lunas sordas del verano, sobre el jabón y la cornisa.

Planté varias canciones debajo de una banca desgastada.

Atento a soles de plástico y grafitis, encontré una fábrica de arte donde alquilaban pintores. Había que perdurar en eco y ser tan genuino como los artistas de Dafen.

Ahí conocí a Tlali. Su mano de pintora sujetó la mía escurriendo historias al día imantado de estaciones.

En la fábrica aprendimos a nadar con un estanque de peces a las espaldas.

## XII

30 de octubre

Pinté el cuerpo desnudo de Tlali
sintiendo la tierra de sus venas
que nadie había deletreado.

Extendíamos las ausencias
en una alfombra marroquí.

Desde el fondo de mi sueño
la seduje con frutos que el viento
apenas traía de las playas.

Le ofrecí la tela de mi piel
y me pintó sendos moluscos en el pecho
que absorbían cicatrices antiguas
como escombros de Cartago.

# XIII

11 de noviembre


En una mañana en México el color cubre la casa.
Tlali pinta con el azul despeinado de la lluvia
y vence al tiempo que huye de costado.
Dos zanates entran por la ventana
y se posan en los hombros de Tlali.

Esas dos aves son los brazos de Tlali.

# XIV

16 de diciembre

(Una pintura de Tlali)

Los cabellos de la mujer se extienden por el lienzo
como el rayo o la noche, ensortijado tapiz brillante.
Reposan dos cuerpos desnudos en la faz silenciosa del tacto.
La mujer, de espaldas, mira de reojo al minotauro.
La espina dorsal como un surco, los senos de maíz
     donde sonoro permanece el mar.
Un rizo envuelve la simiente desleída del aire.

# XV

18 de diciembre

Tlali ha dibujado en los papeles de mi bitácora varios axolotl. En un borde de las hojas, escribió: «*Tlamatini, Tlamatini*».

# XVI

29 de diciembre

Axolotls nadando sobre mi rostro
página tras página

Allí donde el penitente retrocede
y avanza máscara y lebrel

Allí donde las flechas despiertan
islas o moradas mareas

Escucho caer alfileres
y pájaros nocturnos a la señal de la cruz

Allí donde el regalo de los dones
pierde la forma del rocío

Ni un grano de tinta roja o tinta negra
respiradas letras de bitácora

III.       MEMORIA HE SIDO


*Oh, vosotros, los dichosos, los salvados,*
*que parecéis ser el comienzo de los corazones.*

Rainer Maria Rilke

## La Buitrera – Infancias

La claridad va sobreponiéndose al rumor
que devuelve la memoria
convertida en tulipanes africanos.

Había que limpiarse los puños
llenos de olor a mandarina
y los labios húmedos de manjar blanco
junto al río que irisaba el patio;
rezagado patio con aliento a limón
o a cáscaras de mango.
Una bruma se deshacía en lo alto.
Una pestaña nacía con el hechizo
inestable de los cocuyos.

Desde lo alto las guayabas
acariciaban la bujía de la tarde.

Junto al río los niños detenían la piel de los cristales
mientras un hilo de hormigas
anunciaba los adioses.

## Palmira

Estas son las imágenes que nos custodian:
la fijeza del guayacán
y el murmullo de las bibliotecas al mediodía;
un manojo de cometas de papel
incrustadas como agujas en el sueño de la tarde
y los latidos del parque;
dioses ensangrentando avenidas,
sepultando huesos y máscaras en los cañaduzales.

El aire de las piñas se alejaba de la catedral
y en la mesa del café se decidían las palabras.
Una taza de tinto traía ese poema
con la mímica del ritmo, ciego violín,
garganta abandonando su respiración
en el estanque desoído que sube hasta las sienes.

Estas son las imágenes que nos custodian.
En otro tiempo yo recolectaba dátiles
que caían de las palmeras.

Lejos están aquellas bibliotecas.
Lejos está aquel guayacán.
Lejos están aquellas madrugadas suspendidas
en las orquídeas de los parques
y en las ojeras lilas de un poeta de diecisiete años
que escuchaba el retumbar del caracol
en el agua oscura de la noche.

# Balsa Muisca

Con la laguna el junco de la balsa
y sus remeros
alcanzan las señales y sus ritos.
En barro las vasijas sumergidas.
En polvo de oro brazos de esmeralda
abiertos al hechizo.

La lengua del cacique que es el corazón del páramo
escupe signos de semilla roja.

Lo ha visto el sacerdote,
el plumaje del papagayo no será cautivo.
Apenas florece el reflejo
de este día a la claridad de los collares.
Desde la placenta de la laguna
emerge un nuevo cacique.
La tribu ensaya desde las orillas
cantos y bigotes de animal relamido.

CANCIONES PARA AHUYENTAR LA LEJANÍA

1

La voz que se convierte en oído
acrece con la hoja
entrevista por un río de espejos.

2

Es tu voz tan libre de mareas
que arroja encrucijadas al viento.

3

Al resguardo de la letra
se inventarán canciones para ahuyentar la lejanía
y acrecerán como las hojas:
libres de mareas, de espejos y de viento.

## Animal máquina

Un toro blanco circunda una habitación indefinida.
Sus ojos están cerrados. No duerme.
Una leve penumbra recorta la tiza
con la que ha situado historias, lecturas,
cartografías de nomadismo consumado.
El toro se deshace en un velamen blando
y ensaliva las cicatrices
que redondean sus pliegues de costado.
Por la ventana se filtran los ruidos del día
que empiezan a moverse por la ciudad.
Los ojos del toro por fin se abren.
Ya no nievan.

## Palabras de Acteón

Bosque: me llegas con la imagen
                              hecha carne en mis labios
                              de un nombre de mujer.


Bosque: languidez de cervatillo,
              humedad de sexo las flores
                              mordisqueadas por tus dedos.


Bosque: vientre acariciado del pubis negro
donde bebo la clara mañana
                              de una imagen.

## Elegía de un fauno

Colibrí –piel y pergamino–
fronda de zaguanes
con su aleteo de cuarzos.
Si abiertos los diminutos pezones
al remanso de ala izquierda,
ya dejaría resonar el flanco
donde vuela ese corazón sin calentarse.

El fauno ve el doble aleteo del colibrí:
piel y pergamino.
El fauno sabe de reflejos limados
sobre el cuarzo de los zaguanes:
el simulacro de las uñas
clavándose en la frondosidad del pecho
y los caminos.
La fragilidad del monstruo es su esplendor.
La fragilidad del colibrí es su doble aleteo.
El tiempo escribirá los placeres
y borrará el aroma del acanto.

Una mariposa se hunde en el pecho del fauno
 y alguna brisa y alguna miel trae consigo.

FAVILAS

De la palabra que divisa la tarde
nace un silencio de arena
otro puente que veo

Quién fui bajo ese corazón
hecho de lluvia
y empalizadas que nublan afectos

La sangre, la misma sangre
que fluye desde lo alto
recoge en su pulso la tarde

La noche llena de tinta
las ramas de los árboles
y un sonido llega
desde otro puerto

PATIO MEXICANO

En la mañana
revoloteo de alas indistintas
por las flores de cempasúchil.
Dalias rojas esperan los círculos del colibrí.
Todo el día acrece la ceniza del volcán.
A lo lejos, como una pintura del Dr. Atl,
la espuma del Popocatépetl
va atenuando los colores de la enredadera.
Este patio es un pequeño bosque.
Aquí se comulga con una rodaja
de mandarina que cae en los labios
y exprime sus palacios sobre el cuerpo
para enlazar nuestra sangre a la dalia,
a la enredadera,
a lo envolvente del polen
que acaricia los consejos de la hoja
recién fruncida.

## Busto de Dante en un bazar de Puebla

Me dieron vida en un taller toscano.
Alma y nieve en el cincel del orfebre,
cumplida delicadeza
y ahogadas noches rascando en el mármol
el rostro florentino.
Yo lo sé: soy la representación y una fracción de músculo,
carne inmóvil
en donde tiñen agua los durmientes.
Debajo de mi cuello está la firma de Dios.
Mi creador.
Lo vi de reojo cuando mis párpados
se alzaron para deletrear y hacer mío el nombre del poeta.
Muchos lugares he conocido.
Permanecí en anticuarios con paredes húmedas de Venecia
y en bazares curtidos de Andalucía.
Muchas manos me han sostenido y me han celebrado.
Las personas entran desde la calle
dejando su sombra; no todos perciben el milagro.
En la noche apagan la luz y se cierran las puertas.
Y vuelvo a ser un objeto más,
polvo y resina sobre la mesa.

# CASIDA

El otoño inclina la sed
de las palomas al recoger el verbo
en extensión de agua.
Hay una angustia
que apresura su nieve
en blandura de ecos,
callando ausencias
presentidas como un barco de luz.

## Retrato de obsidiana

Lengua fértil, árbol de mediodía.
Qué premura tu gesto
tras avenidas de lentas vocales;
qué rápida tu noche
para acariciar cicatrices
en el mes de marzo.
Antorcha de hielo
eres en el recuerdo,
en el recuerdo ascendiendo
por los nervios con un feroz brillo.
Qué molinos de amor se nivelaban
en tus brazos,
en tus brazos que resucitan
ferozmente en la distancia
de un antiguo pueblo,
tan ávido de señas y destino.
Un retrato de obsidiana
surge de tu gesto desmayado,
anuncia otros hilos
donde sacudes inviernos,
laborioso de vivir
y satisfecho de tu marcha.
¿Permanecerás en el reflejo
gozoso donde asoma lo imaginable?
Hubo horas en que el árbol del mediodía
dibujaba tu sombra.

## Bajo el signo del cangrejo

Alzado de algas por el trópico fino
—colinas, aceites, linfas, lunares—,
el cangrejo bordea su playa
en el azogue metálico de las ondas.
Sensible era el coral de la mañana.
Nada de paz en la finura atenazada
de un animal quitinoso, esquivo,
desgarrándose en la arena aún hervida.
Oculto en su carapacho —fiel ceñudo—
espera a que la luna fragüe sus olas,
líe embrujos argentados, mentas,
un explotar de almíbar los astros.
Dejó la caverna enamorada de huellas,
escondite preciso refractado de ayeres;
allí los miedos, las veleidades sin pulso,
a ruinas de lágrimas anémonas verdes.
Espirales leves iba creciendo su cuerpo,
era una fiesta en el mar su vuelo libre,
ya constelación navegada de la noche,
ya crustáceo ramificado en lo invisible.

## CHARLEVILLE

Sendero, como si alguien
palpase la ceniza rosa
que se estanca en el cielo.
Una gruta de verdor
solitaria por la blancura rígida
de los pasos.
      Floresta vacía
donde se redime el estío
y los versos.
Estrellas en su desvelo
remiten a nuestro ahora,
convocan los días
hacia la floresta amarga
que compartimos como la miel,
viña madura de lejanías.

## La barca de Shelley

I

Espejo tocable de inocencia
la luz muda del agua.
Agua oscura, crispada.
Apenas sombras y cedazos de isla
sacudiendo las columnas ruinosas
de mi nombre.
Aquí se apaga el cantío
de las hojas de oro
y su llama no dicha
bajo la gracia abandonada del amanecer.
Soy un latido fragmentado,
un busto antiguo
esculpido por el temblor de este oleaje.

## II

¿Es posible ver la pupila ceñida al fuego,
a la ilusión del arco y del diamante,
y el aire doblado en las líneas de la piel
que nace sin recordar?

# III

No queda más que seguir entre líquenes de ruinas,
ceríferas arenas solitarias,
entre el yodo y el salitre
soplando en los pulmones, purificando con su aire
el peso de una lágrima
que rueda en las orillas.

# IV

Barca, la tormenta de este viento aciago
arroja granizos a mi vela,
picos marinos de pájaro cayendo
entre alas de sangre al mástil teñido,
aquí, en este golfo de zafiro, lejos de la piedra
y las astas del peñasco –sobre cuencos–.
Son astillas las gotas de agua
que traspasan en retumbos.
Una ola oscura azota y vuelve,
puesta en proa, puesta en piedra,
en acero y en los cascos erizados
de este viento aciago, herida sobre herida.
No viene un barco, ni un hombre lleva el timón.
El brillo de las olas, el mármol de sus llamas,
su cabellera hirviente y las linternas de los peces
bajo un vidrio impenetrable que golpea.
Estos ojos hacia el vórtice de espuma,
estas manos hacia escamas de alfileres.
Me enredo en columnas de lluvia y los retablos
de madera son fragmentos al agua sin sol,
al agua con espuma de ébano, ciega,
que hunde mis párpados de lluvia aislada.
Un puerto, aunque sea un puerto de luces
y aves y velas mecidas con calma
tomando forma en el cuenco de los pinos
y en las astas del peñasco.
Un solo puerto hundido y los ojos en arena,
ojos grises de este mar despojo

–zafiro enrollado en sí mismo,

cuna de yerbas y rosetas–.

Es tu espalda de ónix catedral que explota.

Tu boca abriéndose ovillo

va tragando hojas de palmera y abejas

que no zumban signos.

Veo la fosa que se abre en remolino

en el seno de esta sombra de sal,

en los dedos de las líneas del agua.

Al reflejo de rumores –diminuta–

mi mano a tientas sin voz,

sin el impulso de la alondra y el mirto.

Se alza el mugido de este oleaje sin perfume

quebrando la flauta que sonaba bajo el sol del agua.

¿En dónde irá a recomenzar

el oído del arroyo, mi noche quieta,

el renacer del gamo entre la espuma?

Nada de gaviotas o plumajes de corola,

ni abejas trayendo palacios y cántaros perdidos.

El sol no podemos oírlo;

las colinas no nos ofrecen un rostro.

¿Y ella?, ella esperando entre los dos, ella

y su vaso bajo la luz de almendras alimentará retamas;

sabrá lo que un páramo motea sobre el claro

de mi sombra, no el frío de las plegarias,

no las cruces sucediendo los dedos.

Alguna vez en su hombro se posará una balada

y la guiará de nuevo hasta mi nuca,

al sol enfebrecido de agosto,

al lugar de las piedras donde una tonada empieza

y el lécito de azabache y oro se extiende.
Rectángulo marino ya en tus ramas mi rostro frío,
en tus raíces vinosas tu palabra oscurecida, en tu dorso
la ceniza y el cristal
–pálido zafiro, ojos grises que no terminan–.
Hierba de óleo que cose mis labios
y ata mis pulmones.
Vuelto invisible en su memoria
oigo la fijeza de las piedras
y el cálamo inscribirse así mismo
en la jarra que despierta el sueño de la letra.
Rodando mis uñas amoratadas y este día,
sobre mis pies los picos de los pájaros
sin sus cuerpos de aire y sus semillas.
No es un despertar de días,
es el soplo gris del agua
sobre mis cabellos desprendidos
en bronce, en hilos, en versos lloviznados de la noche.
Una corriente jalona mi pecho en esta barca hundida,
dobla mi frente, seca mis ojos y mis manos.
*Kitaba, kitaba.* Es el soplo gris del agua que funde mi boca
y lleva mi cuerpo en letra
hacia invisible cercanía,
hacia la fuente del poema donde me veo llegando.

*Sobre el autor*

**Edinson Aladino** (Colombia, 1985). Escritor y crítico literario. Es doctor en Letras por la Universidad Nacional Autónoma de México (UNAM). Artículos académicos de su autoría han sido publicados en revistas especializadas de América Latina y África y ha colaborado en capítulos de libros para universidades como la de Salerno, la de Padua o la Benemérita Universidad Autónoma de Puebla. Estuvo en una estancia de investigación doctoral en La Habana en el 2018, en el Archivo de José Lezama Lima que resguarda la Biblioteca Nacional de Cuba José Martí. Entre 2021 y 2022 cursó un diplomado en Estudios Afrolatinoamericanos por la Universidad de Harvard. Hace parte de la Asociación Mexicana de Estudios del Caribe de la UNAM (AMEC) y del Circolo Amerindiano de Perugia. En la actualidad realiza su estancia posdoctoral en la Benemérita Universidad Autónoma de Puebla. Ha obtenido en Colombia el Premio Nacional de Poesía "La Poesía del recuerdo y del olvido", auspiciado por la Casa de Poesía Silva, en su versión 2023. Recientemente ganó el concurso de poesía de Ediciones Converso 2024, en la convocatoria de Poesía Colombiana.

Julio 2024
Impreso en Buenos Aires,
Buenos Aires Poetry
www.editorialbuenosairespoetry.com

www.ingramcontent.com/pod-product-compliance
Lightning Source LLC
Chambersburg PA
CBHW020748160726
47993CB00006B/2662